Bilanzanalyse, Kennzahlen- und Controllingsysteme sowie Handlungsempfehlungen für ein Unternehmen

Bernard Cui

Bibliografische Information der Deutschen Nationalbibliothek:

Die Deutsche Nationalbibliothek verzeichnet diese Publikation in der Deutschen Nationalbibliografie; detaillierte bibliografische Daten sind im Internet über http://dnb.d-nb.de abrufbar.

ISBN: 9783346575265
Dieses Buch ist auch als E-Book erhältlich.

© GRIN Publishing GmbH
Nymphenburger Straße 86
80636 München

Druck und Bindung: Books on Demand GmbH, Norderstedt Germany
Gedruckt auf säurefreiem Papier aus verantwortungsvollen Quellen

Das Buch bei GRIN: https://www.grin.com/document/1163431

Master of Arts Prävention und Gesundheitsmanagement

Modul: Finanzen & Controlling 3

Hausarbeit

„Bilanzen, Kennzahlen und Controlling"

Von: Bernard Cui

Inhaltsverzeichnis

1 BILANZANALYSE 3

1.1 Kennzahlen 3

1.2 Bericht für die Geschäftsführung 5

1.3 Gewinn 5

2 KENNZAHLENSYSTEM UND CONTROLLINGSYSTEM 5

2.1 EKR-Controllingsystem 5

2.2 Stakeholder vs Shareholder 7

2.3 GKR-Controllingsystem 7

2.4 Die Balanced Scorecard als Alternative zum Controllingsystem 10

3 INTERPRETATION UND HANDLUNGSEMPFEHLUNG 10

4 LITERATURVERZEICHNIS 14

5 ABBILDUNGS- UND TABELLENVERZEICHNIS 14

5.1 Abbildungsverzeichnis 14

5.2 Tabellenverzeichnis 14

1 Bilanzanalyse

1.1 Kennzahlen

Nachfolgend werden für beide Unternehmen unter Angabe des Rechenweges folgende Kennzahlen berechnet: Gewinn, Umsatz, Eigenkapital, Fremdkapital und ROI. In Tabelle 1 werden darüber hinaus die Ergebnisse nochmals zur besseren Veranschaulichung zusammengefasst angegeben.

Eigenkapital:

Rechenweg: Anlagevermögen x Deckungsgrad 1 / 100% = Eigenkapital

Lönneberger GmbH:

725.000€ x 120% / 100% = 870.000€ Eigenkapital

Malefits GmbH:

100.000€ x 33% / 100% = 33.000€ Eigenkapital

Gewinn:

Rechenweg: Gewinn = Eigenkapital x Eigenkapitalrentabilität

Lönneberger GmbH:

870.000€ (Eigenkapital, s.o.) x 0,15% = 130.500€ Gewinn

Malefits GmbH:

33.000 € (Eigenkapital, s.o.) x -20% = -660.000€ Gewinn

Umsatz:

Rechenweg: Umsatz = Gewinn / Umsatzrentabilität

Lönneberger GmbH:

130.500€ / 0,16% = 816.625€

Malefits GmbH:

-660.000€ / -0,07% = 9.428.571,43€

Fremdkapital:

Rechenweg: Eigenkapital x Verschuldungsgrad / 100

Lönneberger GmbH:

870.000€ x 24% = 20.880.000€ / 100 = 208.800€

Malefits GmbH:

33.000€ x 520% = 17.160.000€ / 100 = 171.600€

ROI:

Rechenweg: (Gewinn + FKZ) /Umsatz x 100 x Umsatz / Gesamtkapital

Lönneberger GmbH:

$\dfrac{130.500€ + 20.800€}{816.625€}$ x 100 x $\dfrac{816.625€}{1.078.800€}$

$\rightarrow \dfrac{151.300€}{816.625€}$ x 100 x $\dfrac{816.625€}{1.078.800€}$

$\rightarrow$ 0,19 x 100 x 0,76

$\rightarrow$ ROI = 14,44%

Malefits GmbH:

$\dfrac{-660.000€ + 17.160€}{9.428.571,43€}$ x 100 x $\dfrac{9.428.571,43€}{204.600€}$

$\rightarrow \dfrac{-642.840€}{9.428.571,43€}$ x 100 x $\dfrac{9.428.571,43€}{204.600€}$

$\rightarrow$ -0,07 x 100 x 46,08

$\rightarrow$ ROI = -322,56% (= Gesamtkosten überwiegen Gesamtrendite 0 Nettoverlust bei In
vestition)

Tabelle 1: Errechnete Kennzahlen (Eigene Darstellung)

Angabe	Lönneberger GmbH	Malefits GmbH
Eigenkapital	870.000€	33.000€
Fremdkapital	208.800€	171.600€
Umsatz	816.625€	9.428.571,43€
Gewinn	130.500€	-660.000€
ROI	14,44%	-322,56%

1.2 Bericht für die Geschäftsführung

Die dieser Teilaufgabe zugrunde liegende Aussage gibt an, dass aufgrund der größtenteils desolaten Kennzahlen des Konkurenzbetriebes kein Grund vorliegen würde, sich mit dem Wettbewerber weiterhin zu befassen. Sicherlich hat die Malefits GmbH im zu bewertenden Geschäftsjahr 2018 einen Verlust in Höhe von 660.000€ eingefahren und einen negativen ROI-Wert erlangt. Diese beiden Hinweise können zu der Aussage führen, sich nicht weiter mit dem Unternehmen befassen zu müssen. Jedoch legt die Ausgangssituation nahe, dass sich die Malefits GmbH auf digitale, IT-gestützte Lösungen spezialisiert hat. Dies ist beispielsweise eine potentielle Erklärung für das geringere Anlagevermögen der Malefits GmbH im Vergleich zur Lönneberger GmbH. Weiterhin liegt die Änderungsrate des Umsatzes der Malefits GmbH bei 102% und ist somit um 100% höher als bei der Lönneberger GmbH. Daher ist es empfehlenswert, sich weiterhin mit der Marktaktivität des Mitbewerbers zu befassen.

1.3 Gewinn

Ziel eines jeden Unternehmens sollte die Gewinnerzielung sein. Schaut man sich jedoch nur die Kennzahl des Gewinns isoliert an, so weist diese nur eine eingeschränkte Aussagekraft im Hinblick auf die Ertragslage von Unternehmen auf (Kowalski, 2014). Vielmehr sollte man sich auch mit den Rentabilitätszahlen auseinandersetzen, da diese die Etragskraft des Unternehmens messen und das Verhältnis des Gewinns zu anderen Kennzahlen, etwa zum Umsatz oder zum Gesamtkapital aufzeigen (Kowalski, 2014).

2 Kennzahlensystem und Controllingsystem

2.1 EKR-Controllingsystem

Ziel dieser Aufgabe ist die Ermittlung der variablen Kosten bei einer gewünschten Erzielung einer Eigenkapitalrentabilität von 17% im laufenden Geschäftsjahr. Dafür plant man mit einem 10% höheren Umsatz und 6% höheren Fixkosten als im Vorjahr. Nachfolgend werden zunächst die relevanten Kennzahlen samt Rechenweg ausgerechnet und anschließen die Ergebnisse nochmals in Abbildung 1 zusammengefasst. Als Grundgerüst dienen die vorgegebenen Kennzahlen aus dem Jahr 2019.

Umsatz (Geschäftsjahr)

Umsatz Vorjahr + 10% = Umsatz Geschäftsjahr

830.250€ x 0,10% = 83.025€ + 830.250€ = **913.275€**

Fixkosten (Geschäftsjahr)

Fixkosten Vorjahr + 6% = Fixkosten Geschäftsjahr

500.000€ x 0,06% = 30.000€ + 500.000€ = **530.000€**

Gewinn (Geschäftsjahr)

Eigenkapital x Eigenkapitalrentabilität (EKR) = Gewinn Geschäftsjahr

880.000€ x 0,17% = **149.600€**

Kosten (Geschäftsjahr)

Umsatz – Gewinn = Kosten

913.275€ - 149.600€ = **763.675€**

Variable Kosten (Geschäftsjahr)

Kosten – Fixkosten = Variable Kosten

763.675€ - 530.000€ = **233.675€**

Nachfolgend werden die berechneten Ergebnisse nochmal als „EKR-Baum" bildlich dargestellt.

Umsatz 913.275 €

Gewinn = 149.600 € -

Fixkosten 530.000 €

Kosten 763.675 € +

EKR = 17% /

Variable Kosten 233.675 €

Eigenkapital = 880.000 €

Abbildung 1: ROI-Baum für EKR Geschäftsjahr 2020 (eigene Darstellung)

2.2 Stakeholder vs. Shareholder

Auf Grundlage der vorliegenden Informationen verfolgt Herr Lönneberger eher den Shareholder-Value-Ansatz. Hierfür spricht die Erhöhung der Planzahl der Eigenkapitalrentabilität von 13,56% auf 17%. Da bei dem Shareholder-Value-Ansatz der Fokus auf die Maximierung des Unternehmensgewinns in den Vordergrund rückt (Rinker, 2019), kann man im vorliegenden Beispiel bei der vorgegebenen Zielerreichung einer höheren Eigenkapitalrentabilität auch von diesem Ansatz sprechen.

2.3 GKR-Controllingsystem

Im Folgenden werden zunächst wie bereits unter Aufgabe 2.1 alle Rechenwege angegeben und dann unter nachfolgender Abbildung das Ergebnis grafisch dargestellt. Auch hier gelten die Kennzahlen aus dem Jahr 2019 als Grundgerüst für die Ermittlung der Kennzahlen für das Jahr 2020.

<u>Umsatz</u>

Umsatz + 10% = 830.250€ x0,10%= 830.025€ + 83.025€ = 913.275€

IST: **830.250€** SOLL: **913.275€**

<u>Fixkosten</u>

Fixkosten + 10% = 500.000€ x 0,10% = 500.000€ + 50.000€ = 550.000€

IST: **500.000€** SOLL: **550.000€**

<u>Variable Kosten</u>

Variable Kosten + 10% = 210.880€ x 0,10% = 210.880€ + 21.088€ = 231.968€

IST: **210.880€** SOLL: **231.968€**

<u>Vorräte</u>

Vorräte – 4%= 50.998€ x 0,04%= 50.998€ - 2.039,92€ = 48.958,08€

IST: **50.998€** SOLL: **48.958,08€**

<u>Forderungen</u>

Forderungen + 7,5% = 181.250€ x 0,075 = 181.250€ + 13.593,75€ = 194.843,75€

IST: **181.250€** SOLL: **194.843,75€**

<u>Grundstücke/Gebäude (Anlagevermögen)</u>

Gebäude -15% = 523.000€ x 0,15% = 523.000€ - 78.450€ = 444.550€

IST: **523.000** SOLL: **444.550€**

<u>BGA (Anlagevermögen)</u>

BGA – 4% = 175.895€ x 0,04% = 175.895€ - 7.035,80€ = 168.859,20€

IST: **175.895€** SOLL: **168.859,20€**

Fremdkapitalzinsen

Fremdkapitalzinsen – 5% = 20.880€ x 0,05% = 20.880€ - 1.044€ = 19.836€

IST: **20.880€** SOLL: **19.836€**

Kapitalgewinn

Gewinn + Fremdkapital

IST:119.370€ + 1.060.523€ = **1.179.893€**

SOLL: 985.547,03€ + 131.307€ = **1.116.854,03€**

Deckungsbeitrag 1

Nettoumsatz – variable Kosten

IST: 830.250€ - 210.880€ = **619.370€**

SOLL: 913.275€ - 231.968€ = **681.307€**

Working Capital

Vorräte + Forderungen + Liquide Mittel – Abzugskapital

IST: 50.998€ + 181.250€ + 108.500€ - 20.880€ = **361.628€**

SOLL: 48.958,08€ + 194.843,75€ + 108.500€ - 19.836€ = **372.137,83€**

Investiertes Kapital

Working Capital + Anlagevermögen (BGA + Grundstücke/Gebäude, siehe oben)

IST: 361.628€ + 698.895€ = **1.060.523€**

SOLL; 372.137,83€ + 613.409,20€ = **985.547,03€**

Gesamtkapital

Eigenkapital + investiertes Kapital

IST: 880.000€ + 1.060.523€ = **1.940.523€**

SOLL: 880.000€ + 985.547,03€ = **1.865.547,03€**

Kapitalumschlag

Umsatz / Gesamtkapital

IST: 830.250€ / 1.940.523€ = **0,43**

SOLL: 913.275€ / 1.865.547,03€ = **0,5**

Umsatzrentabilität

Kapitalgewinn / Umsatz

IST: 1.179.893€ / 830.250€ = **142,11%**

SOLL: 1.116.854,03€ / 913.275€ = **122,11%**

ROI

Umsatzrentabilität x Kapitalumschlag

IST: 142,11% x 0,43 = **61,11**

SOLL: 122,29& x 0,5 = **61,15**

Nachfolgend erscheinen die Ergebnisse zur besseren Veranschaulichung in Abbildung 2.

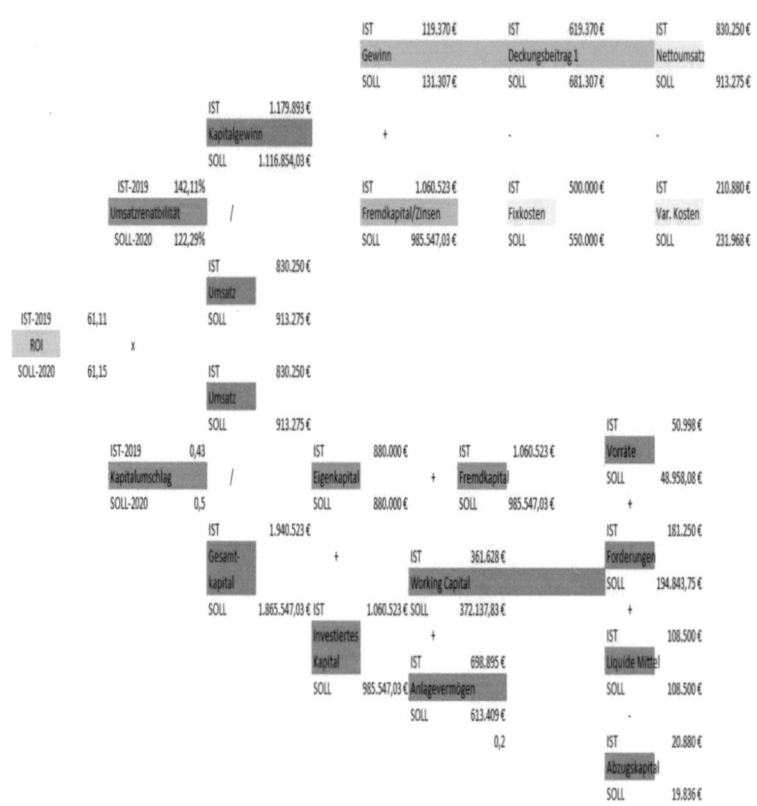

Abbildung 2: ROI-Baum zum GKR-Controllingsystem (eigene Darstellung)

2.4 Die Balanced Scorecard als Alternative zum Controllingsystem

Für die vorliegende Aufgabe liegt die Idee im Raum, dass GKR-Controllingsystem durch eine Balanced Scorecard zu ersetzen, woraus sich die Frage der Sinnhaftigkeit ergibt. Grundsätzlich kann man die Balanced Scorecard als ein Instrument ansehen, mit dessen Hilfe man Managementstrategien in Kennzahlen und Ziele umwandelt (Czechowski, 2020). Anhand der Balanced Scorecard kann man die Erfolgsfaktoren des Unternehmens ermitteln und übersichtlich darstellen, was letztlich eine Entscheidung bezüglich angestrebter Strategien vereinfachen soll (Czechowski, 2020). Dies liegt unter anderem an den transparent dargestellten Kennzahlen und der Betrachtung von Kennzahlen nicht finanzieller Art, etwa der Kundenzufriedenheit (Czechowski, 2020). Manche betrachten daher die Balanced Scorecard als zentrales Steuerungsmittel im Rahmen der Unternehmensführung (Weis, 2013). Ein großer Nachteil der Balanced Scorecard kann der Verlust an Aussagekraft bei einer hohen Anzahl an Kennzahlen sein (Weis, 2013). Sollte darüber hinaus der Fokus auf einzelnen Kennzahlen innerhalb der Balanced Scorecard liegen, kann dies zu einer einseitigen Anpassung der Kennzahlen führen, wodurch andere Geschäftsbereiche gegebenenfalls unbeachtet bleiben (Weis, 2013). Das GKR-Controllingsystem, beziehungsweise die Gesamtkapitalrentabilität gibt allgemein die Leistungsfähigkeit eines Unternehmens an (Bergmann, 2021). Im GKR-Controllingsystem erkennt man für einen definierten Zeitraum, wie effizient ein Unternehmen mit dem gesamten zur Verfügung stehenden Kapital gewirtschaftet hat (Bergmann, 2021). Aufgrund dieser Aussagekraft macht es Sinn, zunächst bei dem GKR-Controllingsystem zu bleiben und vorerst auf die Balanced Scorecard für eine Gesamtanalyse zu verzichten.

3 Interpretation und Handlungsempfehlung

Für die vorliegende Aufgabe werden zur Beurteilung hauptsächlich folgende fünf Kennzahlen herangezogen:

1. Verschuldungsgrad
2. Änderungsrate der Kosten
3. Änderungsrate des Umsatzes
4. Änderungsrate des Gewinns
5. Return on Investment (ROI)

Daneben werden noch weitere Kennzahlen zur Beurteilung einer Handlungsempfehlung herangezogen, etwa noch die Umsatzrendite und der Kapitalumschlag. Die voranstehenden fünf Kennziffern wurden deshalb zur Beurteilung einer Handlungsempfehlung herangezogen, da die Investition in ein Unternehmen (ob Übernahme eines bestehenden Unternehmens oder Unternehmensneugründung) wirtschaftlich Sinnvoll sein soll. Anhand der genannten Kennzahlen kann man die Entwicklung der Kosten, des Umsatzes und des Gewinns im Vergleich zum Vorjahr beurteilen und eine Prognose ermitteln, inwieweit mit weiteren Verbesserungen oder Verschlechterungen für die kommenden Geschäftsjahre zu rechnen ist. Auch das Verhältnis von Fremd-, zu Eigenkapital spielt eine Rolle, da es für ein Unternehmen profitabler sein kann, mit mehr Eigenkapital als Fremdkapital zu arbeiten, um so unabhängiger von Investoren in Managemententscheidungen zu sein.

Die Werte wurden anhand folgender Rechenwege ermittelt:

Verschuldungsgrad:

Fremdkapital/Eigenkapital x 100 =

2019: 250.300€ / 27.200€ x 100 = 9,20 x 100 = **920,22**

2020: 250.800€ / 50.700€ x 100 = 4,9467 x 100 = **494,67**

Änderungsrate der Kosten

Kosten Geschäftsjahr / Kosten Vorjahr – 1 x 100

209.000€/197.000€ - 1 x 100 = 1,0609 – 1 = 0,609 x 100 = **6,09**

Änderungsrate des Gewinns

Gewinn Geschäftsjahr / Gewinn Vorjahr – 1 x 100

23.500€ / 2.200€ - 1 x 100 = 10,6818 – 1 = 9,6818 x 100 = **968,18**

Änderungsrate des Umsatzes

Umsatz Geschäftsjahr / Umsatz Vorjahr -1 x 100

195.000€ / 189.200€ - 1 x 100 = 1,03065 – 1= 0,03065 x 100= **3,07**

ROI

Gewinn / eingesetztes Kapital x 100

2019: 2.200€ / 277.500€ = 0,0079 x 100 = **0,8%** (aufgerundet)

2020: 23.500€ / 301.500€ = 0,0779 x 100 = **7,8%** (aufgerundet)

Tabelle 2: Berechnete Kennzahlen zur Handlungsempfehlung (eigene Darstellung)

Kennzahl	Formel	Berechnung
Verschuldungsgrad	Fremdkapital/Eigenkapital x 100	2019: 250.300€ / 27.200€ x 100 = 9,20 x 100 = **920,22** 2020: 250.800€ / 50.700€ x 100 = 4,9467 x 100 = **494,67**
Änderungsrate der Kosten	Kosten Geschäftsjahr / Kosten Vorjahr – 1 x 100	Kosten Geschäftsjahr / Kosten Vorjahr – 1 x 100 209.000€/197.000€ - 1 x 100 = 1,0609 – 1 = 0,609 x 100 = **6,09**
Änderungsrate des Umsatzes	Gewinn Geschäftsjahr / Gewinn Vorjahr – 1 x 100	195.000€ / 189.200€ - 1 x 100 = 1,03065 – 1= 0,03065 x 100= **3,07**
Änderungsrate des Gewinns	Umsatz Geschäftsjahr / Umsatz Vorjahr -1 x 100	23.500€ / 2.200€ - 1 x 100 = 10,6818 – 1 = 9,6818 x 100 = **968,18**
ROI	Gewinn / eingesetztes Kapital x 100	2019: 2.200€ / 277.500€ = 0,0079 x 100 = **0,8%** (aufgerundet) 2020: 23.500€ / 301.500€ = 0,0779 x 100 = **7,8%** (aufgerundet)

Betrachtet man sich an dieser Stelle die Ergebnisse vorangegangener Kennzahlen, kann man zunächst einmal von einem guten Entwicklungspotential des Unternehmens sprechen. Das Verhältnis zwischen Fremd-, und Eigenkapital (Verschuldungsgrad) hat sich innerhalb eines Geschäftsjahres fast halbiert, wohingegen der Return on Investment um 7% innerhalb des einen Geschäftsjahres gestiegen ist.

Es gibt jedoch auch negative Aspekte innerhalb des Geschäftsjahres, auf welche man eingehen muss, um eine Handlungsempfehlung auszusprechen. Zwar hat die Malefits GmbH im Rahmen der GuV den Unternehmensgewinn von 2.200€ im Jahr 2019 auf 23.500€ im Jahr 2020 steigern können. Jedoch hängt dies unter anderem mit der Veräußerung von Schutzrechten zusammen, was in der Summe 65.000€ im Rahmen der GuV ausmacht. Da sich die Malefits GmbH auf IT-Lösungen spezialisiert hat, ist die Veräußerung von Schutzrechten, etwa in Form von Patenten auf besagter IT-Lösungen zwar ein kurzfristig positives Mittel, um die GuV zu beschönigen. Jedoch verliert das Unternehmen dadurch mitunter ein wichtiges Alleinstellungsmerkmal. Die Änderungsrate der Kosten ist laut den Berechnungen höher als die Änderungsrate des Umsatzes. Somit sind die Kosten höher als die eingefahrenen Umsätze im vergangenen Geschäftsjahr.

Letztlich bietet die Kennzahl des ROI eine gute Grundlage zur Handlungsempfehlung für oder gegen einen Kauf des Unternehmens, da dort der erzielte Gewinn zum eingesetzten Kapital bemisst. Anhand der höheren ROI-Kennzahl und des deutlich gesunkenen Verschuldungsgrades kann man an dieser Stelle eine positive Handlungsempfehlung bezüglich des Unternehmenskaufs aussprechen.

4   Literaturverzeichnis

Bergmann, C. (2021) Gesamtkapitalrentabilität: Formel, Beispiele & Interpretation. Veröffentlicht als Blog-Eintrag im Controlling-Magazin. Zugriff am: 04.10.2021. Verfügbar unter https://controlling.net/gesamtkapitalrentabilitaet

Czechowski, P. (2020) Balanced Scorecard – Strategie und Ziele leicht gemacht. Veröffentlicht unter „Business News" für das IFM – Institut für Managementberatung. Zugriff am: 04.10.2021. Verfügbar unter https://ifm-business.de/aktuelles/business-news/balanced-scorecard-strategie-und-ziele-leicht-gemacht.html

Kowalski, S. (2014) Betriebliche Kennzahlen *Planung-Controlling-Reporting*. (1. Auflage) Beck Juristischer Verlag.

Rinker, C. Dr. (2019). Shareholder- vs. Stakeholder-Ansatz: Bei Veränderungen ist Europa weiter als die USA. Veröffentlicht als Blog-Eintrag der Diligent Boardbooks GmbH. Zugriff am: 04.10.2021. Verfügbar unter https://www.diligent.com/de/blog/shareholder-vs-stakeholder-ansatz/

Weis, C. (2013) Definition: Balanced Scorecard. Artikel veröffentlicht für die business-on.de Christian Weis GmbH. Zugriff am 04.10.2021. Verfügbar unter https://www.business-on.de/balanced-scorecard-definition-balanced-scorecard-_id40856.html

5   Abbildungs- und Tabellenverzeichnis

5.1   Abbildungsverzeichnis

Abbildung 1: ROI-Baum für EKR Geschäftsjahr 2020 (eigene Darstellung) 6

Abbildung 2: ROI-Baum zum GKR-Controllingsystem (eigene Darstellung) 9

5.2   Tabellenverzeichnis

Tabelle 1: Errechnete Kennzahlen (Eigene Darstellung) 4

Tabelle 2: Berechnete Kennzahlen zur Handlungsempfehlung (eigene Darstellung) 12